AF335997

L'OMNIBUS

DE

LA TOILETTE,

CONTENANT 123 PRÉCEPTES D'HYGIÈNE, DE BON TON ET DE BON GOÛT, RELATIFS À LA TOILETTE,

Et enseignant les quarante et une manières de mettre la CRAVATE.

PARIS,

RUE DE LA VRILLIÈRE, N° 10,

EN FACE DE LA BANQUE.

1828. — 1829.

Préparation de la Cravate, fig. 1. Modèle de chacun des quatre principaux genres, fig. 2 3 ,4 et 5.

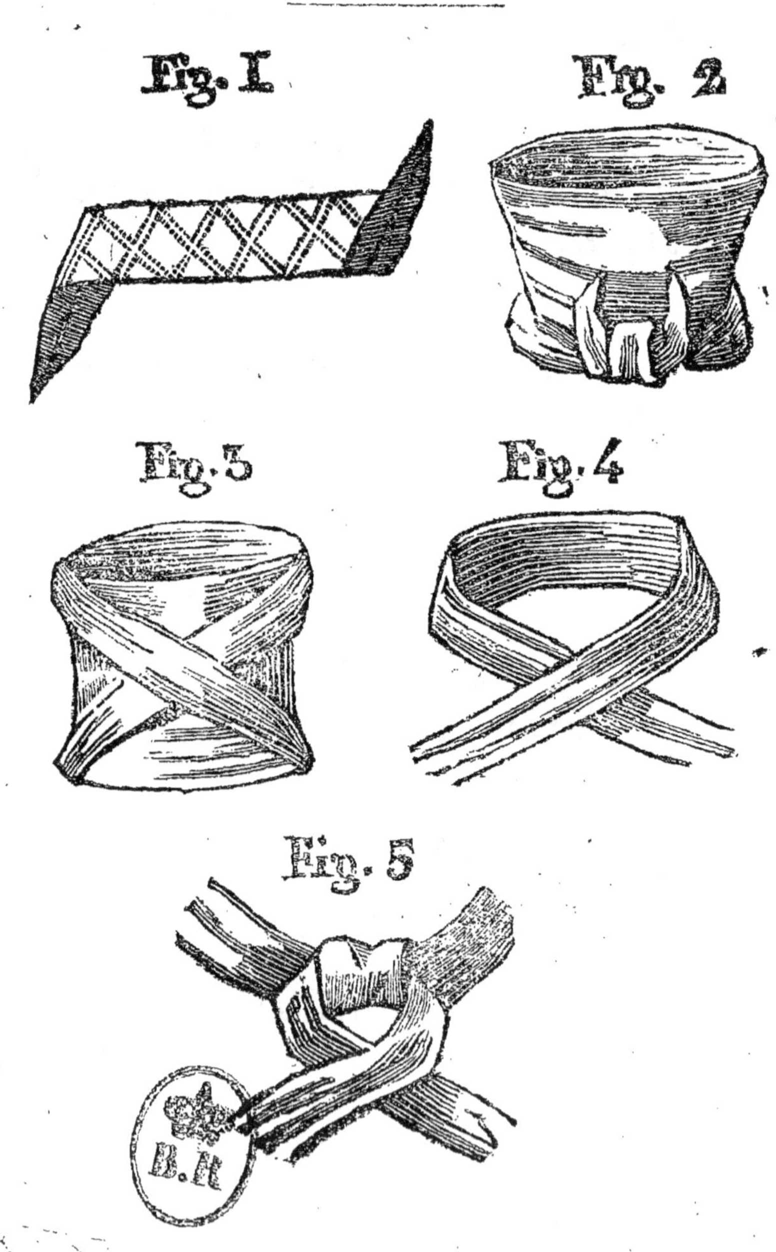

L'OMNIBUS

DE LA TOILETTE.

Abordons notre sujet, sans perdre de lignes en Préface.

DE LA PROPRETÉ

RELATIVEMENT A LA TOILETTE.

Le véritable fondement de la toilette, comme de la santé, c'est la propreté. Or, les moyens en sont à la portée de tout le monde; car, comme le disait le modèle des bons Rois, Henri IV: il ne faut *qu'un verre d'eau pour être propre*.

Prenez, autant que possible, un bain entier par semaine, en toute saison, et plus pendant les grandes chaleurs.

N'allez pas en course, ne vous livrez pas à des travaux fatigans, aussitôt après l'avoir pris : reposez-vous.

Vous baignez-vous dans un bain public? Faites éponger la baignoire *sous vos yeux*, et commandez qu'on y place un *fond de bain*.

Lavez-vous les pieds, et taillez-en les ongles une fois la semaine, au moins.

La première chose que vous devez faire chaque matin, après vous être levé, c'est de vous laver les mains; car c'est avec les mains que vous procéderez au reste de votre toilette.

L'entretien des mains demande un soin particulier. Elles sont, après le visage, la partie du corps qu'on peut le moins se dispenser de mettre en évidence.

Gardez-vous, cependant, de vous les laver à chaque minute : elles se gerceraient et prendraient une apparence sale et terreuse.

Pour en blanchir et adoucir la peau, employez la pâte d'amande ou de la mie de pain bien rassis.

Dans nos mœurs, rien ne semble plus malpropre que des ongles qu'on a trop laissés croître ; taillez donc souvent les vôtres, jamais ecpendant trop près des chairs : l'usage actuel est de les tailler en amande.

Le soin de les frotter avec de la pulpe (de la chair) de citron, dont on a exprimé le jus, en entretient le poli, prévient ou fait disparaître les *envies*.

Il est des personnes qui se liment la pointe des ongles, d'autres qui se les brossent, pour les rendre luisans.

N'attendez pas pour vous faire tailler les cheveux, que leur longueur vous donne l'air d'un de ces marchands de salade qui nous arrivent de Normandie. Une taille fréquente leur donne d'ailleurs plus de vigueur et d'élasticité.

Peignez-vous tous les matins : rien de moins propre que d'avoir des cheveux parsemés sur son habit.

Au peigne à démêler et à décrasser, faites succéder la brosse à poils rudes.

Tous les deux mois, à peu près, savonnez-vous les cheveux avec un jaune d'œuf, délayé dans un peu d'eau tiède (un demi-verre environ) : deux fois par semaine au moins, frottez-vous-les avec un peu d'huile d'amande douce; n'oubliez pas de vous baigner la tête après la première de ces deux opérations.

Faites prendre à vos cheveux une direction horizontale et toujours du même côté, en passant fréquemment la main dessus; et gardez-vous, en vous coiffant de nuit, de les presser en sens inverse du pli que vous leur avez donné.

Vos cheveux, malgré toutes ces précautions, retombent et s'éparpillent-ils? ayez, en dernière ressource, recours aux papillottes.

Faites-les de mèches assez fortes, pour qu'on ne s'aperçoive pas qu'elles sont le fruit de l'art substitué à la nature.

Bassinez-vous l'oreille chaque matin avec une éponge fine, imbibée d'eau.

Nettoyez-la jusque dans le plus petit repli, sans cependant la dégarnir entièrement de ce liniment ou cérat jaune nécessaire à l'entretien de l'ouïe.

Pour l'entretien de la propreté du nez, aspirez par cet organe un peu d'eau matin et soir.

Ne l'épilez point si vous craignez les polypes, coupez-en seulement les poils trop apparens, avec la pointe de très-petits ciseaux.

Peignez - vous les favoris avec un peigne *ad hoc*, et dirigez les vers le centre de la figure.

Le meilleur *trésor* de la bouche est l'eau fraîche, mêlée, si l'on veut, d'un peu d'eau de

Cologne, ou simplement de bonne eau-de-vie, on s'en rince la bouche en s'en gargarisant.

Ne vous pincez pas les lèvres dans le but de les rendre vermeilles, si vous ne voulez produire l'effet contraire; passez seulement légèrement la langue dessus.

Si elles se gercent, mettez-y, en vous couchant, un peu d'huile d'olive.

Avez-vous l'haleine mauvaise ou simplement un peu forte, mâchez de l'iris de Florence, ou toute autre racine odorante.

Ayez le moins possible recours au dentiste: faites-vous plomber et surtout décarier, plutôt qu'arracher les dents.

N'employez à les nettoyer que de la poudre impalpable de charbon bien tamisée; les autres poudres et la plupart des opiats ayant l'inconvénient d'en user l'émail.

Ne faites usage que de brosses bien douces: dirigez les verticalement, c'est-à-dire dans le sens de la longueur des dents, et non de leur largeur: que l'éponge dont vous vous servez ensuite soit douce également.

Après le repas, servez-vous de cure-dent, mais de plume seulement; rincez-vous ensuite la bouche avec un peu d'eau.

Enfin, pour dernier précepte de la conservation des dents, ne buvez ni trop chaud, ni trop froid ; abstenez-vous de sucreries et d'épices capables d'amolir les gencives.

Faites-vous la barbe une fois tous les deux jours au moins.

Après avoir parlé de la propreté de la personne, nous dirons un mot de celle des vêtemens : ne sortez jamais sans avoir l'habit, le pantalon, le gilet et le chapeau bien brossés, et surtout les bottes bien cirées.

DE LA TOILETTE PROPREMENT DITE,

OU DES VÊTEMENS ET DE LA MISE.

Une mise soignée est de rigueur pour quiconque désire être bien accueilli dans le monde.

Ne suivez pas le monde comme à la piste : n'affectez pas de vous distinguer par la recherche ou la richesse de vos vêtemens. De toutes les vanités, c'est celle qui suppose le plus de sottise.

Règle générale : Mettez-vous comme le plus grand nombre de ceux que vous fréquentez.

Au titre de la propreté, nous avons procédé des pieds à la tête ; nous allons actuellement procéder de la tête aux pieds.

Ne portez pas un chapeau trop large, qui s'enfonce jusqu'aux épaules, de manière à vous cacher le front et écraser la chevelure.

Les bonnets de coton, si chers à nos pères, sont devenus ridicules ; substituez-leur le madras, le foulard, ou le bonnet grec.

La casquette est de très-mauvais genre partout ailleurs qu'à la campagne, à la chasse, ou chez soi.

Les pendans d'oreilles, sont devenus plus que ridicules dans la toilette des hommes.

Redoutez - vous ces excroissances charnues qui gâtent des nez très-bien d'ailleurs ? Ne portez des bésicles qu'extrêmement légères.

Nous ne disons rien ici de la cravate, parce que nous lui consacrons un chapitre particulier.

Ne gardez jamais la nuit, la chemise que vous portez le jour.

Changez de chemise de jour, deux fois la semaine au moins, si vous le pouvez ; et lorsque la blancheur du col commencera à s'effacer, suppléez-le par un faux-col, en batiste ou en percale.

Outre le bouton du haut de la chemise, ayez-en un plus bas, de peur qu'elle ne s'écarte et ne découvre la poitrine : l'usage veut que l'un et l'autre soient de nacre.

Les jabots ne sont plus portés par les jeunes gens.

Les doigts surchargés de bagues sont ridicules, surtout dans un homme.

Les gants préservent les mains du hâle, et le bon ton en prescrit l'usage ; double raison pour vous d'en porter.

Les blancs sont seuls de tenue.

Il est du plus mauvais genre de sortir sans gilet, même au plus fort de l'été.

La redingote ne se porte qu'en négligé, surtout celle dite *à la propriétaire.*

Le manteau, chez les gens de bon ton, a remplacé le garrick.

L'habit de drap noir est seul *habillé,* c'est-à-dire de grande tenue.

Que votre habit vous colle bien sur le dos sans vous gêner ; il n'y a que les vieillards ou les provinciaux qui puissent sans conséquence, *baigner* dans le leur.

Quoique la culotte courte soit encore employée comme vêtement de cérémonie, le pantalon est de mise dans toutes les occasions, même au bal et dans les soirées.

Gardez-vous de mettre des bas de couleur avec un pantalon blanc.

Que votre bas ne fasse pas le moindre pli; attachez-le au-dessus du genou.

Le scarpin seul est habillé : cependant on aurait tort de pousser jusqu'au scrupule le précepte de ne pas franchir en bottes la porte du salon.

Ne portez point de bottes trop étroites si vous redoutez les cors aux pieds, et quelquefois pis; ni trop larges, si vous craignez les entorses.

On ne passe plus la canne qu'aux vieillards et aux infirmes. Les jeunes gens sont bornés à la *badine* qui ne se porte même que rarement, et en sens inverse de son usage naturel.

Ne mettez point le fourreau à votre parapluie : ne le portez point sous le bras, ni en guise de canne; balancez-le, en le tenant par le milieu, la poignée inclinée en bas: telle est la règle du suprême bon ton.

Les tissus de batiste blanche, ou les foulards sont seuls employés comme mouchoirs par les gens à la mode.

DE LA CRAVATE.

Instruction préliminaire.

Recommandez le plus grand soin dans l'apprêt de vos cravates.

Les gens de bon ton ont pour principe de renvoyer de suite au blanchissage toute cravate *empesée*, qu'ils n'ont pas bien mise du premier coup.

Placez en dehors le côté le plus lustré des tissus qui n'ont point d'envers.

Préférez les cols de baleine ; prenez-les selon la hauteur de votre cou.

Après avoir mis votre cravate sur le col, pliez-en les deux extrémités, surtout si elle est empesée, celle de gauche de haut en bas ; celle de droite, de bas en haut. *Voy.* pag. 2, fig. 1.

Prenez-la ensuite de chaque côté, avec le pouce et l'index ; mettez-en le milieu directement au-dessous du menton, et tirez-en les deux côtés à la hauteur de l'oreille, où vous tâcherez qu'ils se maintiennent.

Il est mieux d'employer un faux-col que le propre col de la chemise même toute blanche: ramenez-en parallèlement les deux extrémités; bien empesées, le plus près possible du menton.

Que votre cravate soit plutôt un peu trop serrée que trop lâche; évitez qu'elle fasse le plus petit pli.

Lorsqu'elle est définitivement fixée, amincissez-en le plus que vous pourrez les bords, avec le doigt ou avec un petit fer à lisser; puis, pour qu'elle ne puisse se déranger, attachez de chaque côté un ruban de fil que vous vous passerez sous le bras, et attacherez derrière le dos, et mieux encore sur la poitrine, après l'y avoir ramenés.

Exposons maintenant les manières de mettre la cravate. Nous commencerons par la plus facile.

Première manière. *La bourgeoise.* Pour obtenir une cravate à la *bourgeoise*, vous n'avez qu'à vous poser sur le devant du cou un tissu quelconque, avec ou sans col, et à en nouer les deux bouts par-devant après les y avoir ramenés.

2. *La jardinière.* Même liberté pour le choix du tissu; exécution toute semblable, si ce n'est qu'on en joint d'abord les bouts par derrière, et qu'après les avoir noués sur le devant, on les croise en anneau de chaîne.

3. *La coquille.* C'est la précédente nouée sur le devant, et dont les bouts tressés au lieu d'être laissés pendans sont ramenés horizontalement et fixés par derrière ; préparation soignée, sans empois : couleur rose tendre.

---

4. *A pointe renversée.* Comme *la coquille*, dont la tresse pendrait du plus haut de la cravate.

---

5. *La paresseuse* ou *négligée.* Comme les précédentes, excepté que les bouts, au lieu d'être enchaînés, s'étalent en forme de fichu.

---

6. *Le collier de cheval.* Dessin à gros pois noirs, ou à larges raies horisontales. Comme la *bourgeoise*, dont on cacherait en-dessous ou par derrière, les deux pointes, au lieu de les laisser pendre.

---

7. *La cascade.* Comme *la bourgeoise*, si celle-ci, avait deux bouts très-longs, dont l'un, étant ramené sur l'autre, le couvrirait, et en retombant en saillie, figurerait une cascade.

---

8. *A la groom.* Comme la précédente, dont les bouts seraient détirés.

---

9. *La provinciale.* Très-empesée, avec une simple rosette qu'on fait le plus près possible, du menton : n'est permise à Paris, qu'aux très-jeunes gens. — Couleur *queue de serein*.

---

10. *Le trône d'amour*. C'est la précédente, sauf la couleur, qui doit être du plus beau blanc, et la position du nœud qui se fait le plus bas possible.

11. *L'éventail*. Se forme comme la provinciale, mais avec un seul nœud qu'on étale vers le menton.

12. *L'orientale*. Blanche unie, très-empesée, ne faisant aucun pli, d'une roideur et d'une rotondité parfaites; les deux bouts très-courts doivent, après le nœud, se recourber en forme de croissant. *Voy.* pag. 2, fig. 2.

13. *La russe*. Pliée sur une grande hauteur, se fixe par derrière et n'a point de nœud visible.

14. *La militaire*. Comme la *russe*, sinon qu'elle exige impérieusement le col, l'empois et la couleur noire.

15. *La mathématique*. Couleur blanche de rigueur; les deux bouts ramenés sans nœud, du haut de la cravate, vers le côté opposé de sa base, figurent exactement par leur intersection une croix de Saint-André. *Voy.* pag. 2, fig. 3.

16. *A la fidélité*. C'est la mathématique, sauf la couleur qui doit être noire.

17. *La cravate de bal*. Comme les précédentes, excepté que l'intersection se fait au-dessous du col au lieu de se faire au milieu de la cravate, et que les bouts se fixent aux bretelles.

18. *L'irlandaise.* Comme la *mathématique*, si ce n'est que les bouts s'entrelacent au point d'intersection.

19. *L'italienne.* Toujours blanche avec empois, s'exécute comme les précédentes, excepté qu'au point d'intersection, les deux bouts sont unis par un anneau.

20. *La bouclée.* Comme *l'italienne*, dont les deux bouts seraient au point d'intersection fixés par une épingle.

21. *La lord Byron.* A l'opposé de toutes les cravates dont nous venons de parler, elle se place d'abord par derrière ; le nœud qui doit être très-large, se fait ensuite sous le menton : couleur blanche, de rigueur.

22. *La cravate de voyage.* C'est la *lord Byron*, faite de taffetas noir.

23. *La romantique.* Encore la *lord Byron*, mais couleur *solitaire* ou *ipsiboë*.

24. *La Rossini.* C'est la *lord Byron*, sans col, ni empois : couleur noire ; nœud à volonté.

25. *La Darlincourt.* Se pose d'abord comme les précédentes, avec un seul nœud vertical, dont la tête est en haut, et la pointe en bas.

26. *La Walter-Scott.* Comme la *lord Byron*, dont les pointes relevées en zône couperaient verticalement et dans son entier le milieu de la cravate.

27. *L'artiste.* Jetée sans soin sur le cou plutôt que mise, telle est la cravate à l'artiste : la
forme du nœud, l'ampleur la couleur, la fraî-
cheur même, tout en est *ad libitum.*

---

28. *La marinière.* Comme les précédentes, à
l'exception que les deux bouts au lieu d'être en
rosette, pendent en forme d'anneaux tressés
comme la coquille.

---

29. *La marate* ou *nabad.* Comme la précédente, au lieu qu'on divise les deux bouts après
le deuxième anneau, pour la fixer séparément
aux bretelles, derrière le dos ; ou d'un tissu
fin des Indes ou de Barège : couleur Ispahan.

---

30. *La Talma.* La même que la *lord Byron*,
excepté qu'elle est à nœud sans rosette, avec les
pointes flottantes.

---

31. *La Bergami.* Se pose comme la précédente, les deux bouts sans nœud se fixent ensuite par devant, à l'instar de ceux de la cravate
de bal. *Voy.* pag. 2, fig. 4.

---

32. *La colin.* Comme la *Bergami*, excepté
qu'on fait le nœud et qu'on laisse pendre les
pointes : couleur à volonté, col de la chemise
rabattu. C'est la cravate favorite du faubourien.

---

33. *L'anglaise.* C'est une de ces cravates
mère, comme la *bourgeoise*, la *mathématique*
et la *lord Byron*; elle se place d'abord par devant, un tour à gauche, puis des deux bouts
ramenés réunis par un nœud simple, ou pré-

paration de nœuds, se relève perpendicu-
lairement, et la pointe se rabat ensuite sur le
nœud à demi fait : puis en la tenant toujours,
on la courbe intérieurement et on la glisse entre
la cravate et l'autre pointe qu'on ramène à gauche dans le nœud, et ce nœud, le chef-d'œuvre
de l'art, se trouve accompli. Ce n'est pas tout,
il faut encore rabattre les deux pointes l'une sur
l'autre, et ainsi croisées, les fixer à leur point
d'intersection par une épingle : sans couleur dé-
terminée, mousseline excessivement fine, point
d'empois. *Voy.* pag. 2, fig. 5.

34. *Le nœud gordien.* C'est *l'anglaise*, sauf
de l'ampleur, le repassage et l'empois de plus.

35. *L'américaine.* Très-empesée, blanche,
vert-océan ou amarante : col très roide. Encore,
l'anglaise, excepté que le bout que l'on rabat,
sur le nœud à demi fait, se détire le long du
jabot de la chemise.

36. *La valise* ou *le porte-manteau.* Toujours
l'anglaise, si ce n'est que les deux bouts plus
courts se remploient dans le nœud sans s'a-
baisser.

37. *La lyonnaise.* Comme la *valise*, excepté
que chaque rosette bouffante et très-large se
plisse en forme de cocarde.

La chasseresse ou *cravate de chasse.* Sans empois, couleur corne de cerf, feuille morte ou
vert foncé ; comme *l'anglaise*, excepté qu'au
lieu de rabaisser les deux bouts l'un sur l'autre,

on en fait une tresse pendante, comme celle de la *marinière*.

---

39. *A la diane.* La même que la précédente, sauf la couleur qui doit être blanche.

---

40. *La gastronome.* Simple mouchoir sans empois, pliée sur peu de hauteur, avec un nœud à l'anglaise, tellement lâche et flexible qu'il se prête à tous les mouvemens de la mastication.

---

41. *La mélancolique.* Nouée comme la *valise*, ne se distingue que par son accompagnement qui consiste en un col de vélin, et en trois boutons de brillant à la chemise.

Les 41 manières de mettre la cravate ne sont pas toutes de mode, ni de mise dans toutes les occasions : voici quelques règles à cet égard.

Les cravates que nos élégans du jour affectionnent le plus, sont : l'*anglaise*, le *nœud gordien*, la *valise*, l'*américaine*, la *mathématique*, l'*orientale*, et surtout la *bergami*.

La cravate blanche unie est la seule de grande tenue. Celle à raie ou à carreaux quoique toute blanche n'est que de demi-tenue, ainsi que la cravate noire.

La cravate de couleur quelle qu'en soit l'étoffe, ne se porte qu'en négligé.

Une cravate fond blanc ne peut guère se mettre plus de deux fois sans être reblanchie.

————

Le gilet noir exige impérieusement la cravate blanche.

————

Quant au nombre de vos cravates, réglez-le sur vos facultés, mais tâchez au moins d'en avoir assez, pour atteindre, sans en manquer, d'un blanchissage à l'autre.

————

Sous presse :

Pour être vendus à la même adresse, et au même prix : le petit Code du Locataire, l'Omnibus de la Couture, etc., etc., etc.

On y fait à un prix très-modéré toute espèce d'impressions.

FIN.

————

IMPRIMERIE DE DEMONVILLE,
RUE CHRISTINE, N° 2.

t.

te

le
en
r,

au
m.

es.

E,

O

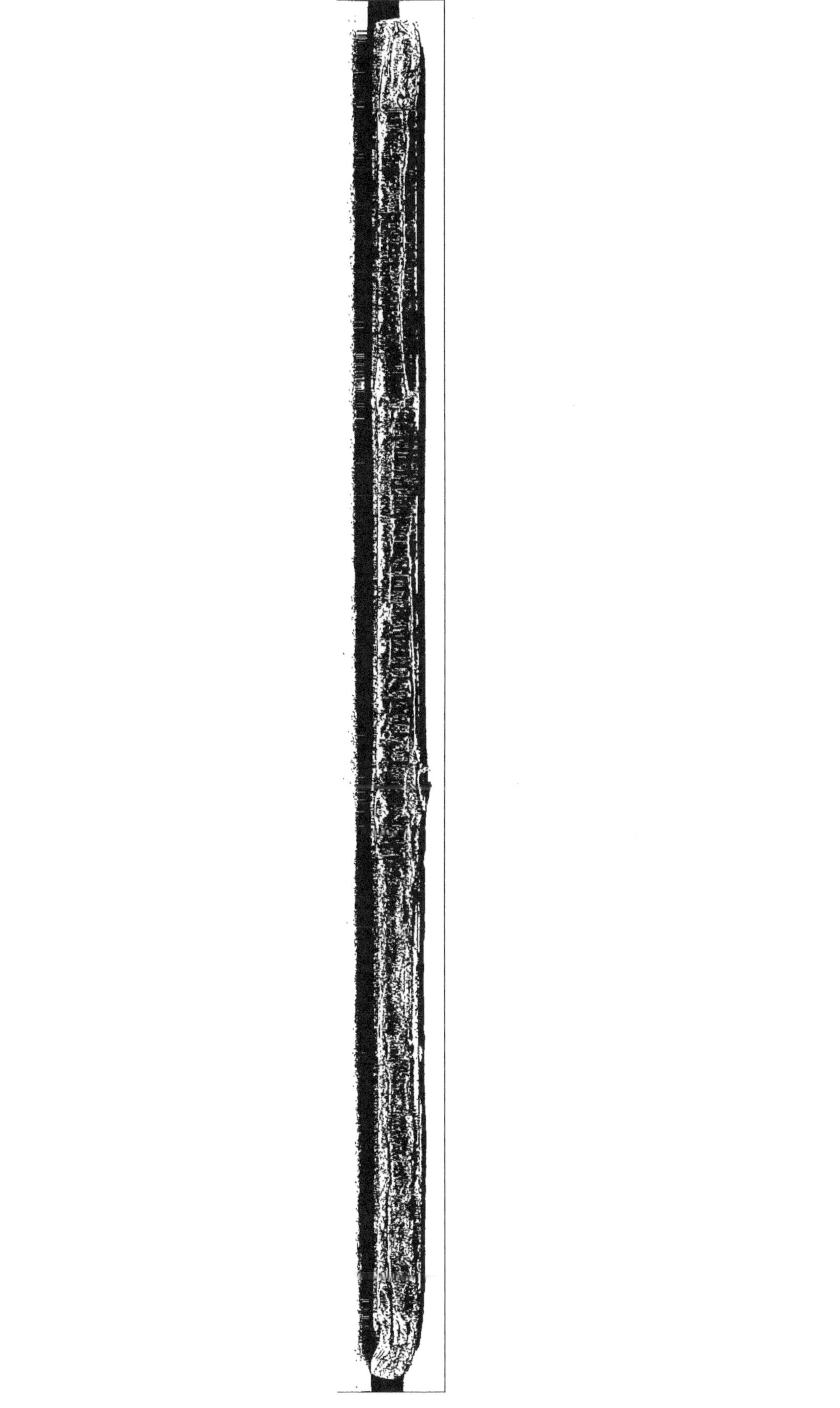